세월이 품은 그리움

김순정 시집

서영

김순정 시인의
시집 발간을 축하하며

 어느 날 봄동산을 거닐 때 만난 흐뭇한 낭만처럼 나타난 김순정 시인, 그녀는 오래 전에 이미 친숙함을 익힌 여인처럼 다가와 인사말을 건넸다.
 "교회에서는 날 진작부터 기성 시인인 줄 알아요." 그러면서 활짝 웃었다. 수줍음 한 사발 등 뒤로 감추며.
 이후 김순정 시인은 매주 월요일마다 산모롱이의 물안개처럼 다소곳이 그 모습을 드러냈다.
 시를 쓸 줄 모른다면서도 꼬박꼬박 시심의 오솔길을 걸어 시 산책을 습관처럼 즐겼다. 유머의 구사력과 순발력은 우리 문우들이 모두 인정할 정도로 멋스럽다. 오래도록 거의 40여 년을 교회에서 몸과 맘과 혼을 정화시킨 덕분에 세상에서 가장 순수한 시심을 간직한 시인이라서 우리는 그녀에게 '순정파'라는 닉네임을 붙여 주었다.
 한실 문예창작에서 4년 남짓 시 이론을 배우고 시 창작의 열정을 불태운 결과는 놀라웠다.
 140여 편의 주옥같은 시 작품들이 한 권 시집 속으로 모이게 된 것이다.

김순정 시인의 시 세계는 그야말로 소박하다.
　시인 자신의 주위 생활환경과 일상을 꾸밈없이 수용하고 관찰하고 이를 시심의 그릇에 진솔히 담아내고 있다. 쉽고도 친숙한 시어들을 배치하고 여기에 이미지의 옷을 입혀 나들이를 내보내고 있다.

타 버린 숯덩이는
갈피 못 잡고 휘저으며
몰아쉬는 입김으로 씰룩이며 울상이다
삭히지 못한 서러움으로 벌떡였다

손발이 따스한 체온으로 돌아와
천천히 춤추듯 까닥이며
개구리울음처럼 희미하게
귀를 간질이듯 반짝인다.
　　　　－「자화상」中에서

　자신의 인생을 '타 버린 숯덩이', '몰아쉬는 입김', '삭히지 못한 서러움'으로 표현하고 있다. 그 서러움이 벌떡이고 있다.

 '손발이 따스한 체온', '개구리울음처럼 희미하게', '귀를 간질이듯 반짝인다'에서처럼 김순정 시인의 시어들은 이미지에 밀착되어, 자신의 삶을 진솔히 그려내는 데 최선을 다하고 있다.

고즈넉한 달밤
찾아주는 이 없어도

망울진 꽃봉오리 터뜨리며
기다림으로 서 있다

다소곳이 야윈 긴 연민으로
애타게 가슴 쥐어 잡고서.
-「달맞이꽃」전문

 이미지가 참 예쁘다. 고즈넉한 달밤에 망울진 꽃봉오리 터뜨리며 기다림으로 서 있는 달맞이꽃이 남 같지 않다. 그나마 다소곳이 야윈 긴 연민으로 애타게 가슴 쥐어 잡고서 서 있으니, 어찌 마음 열어 품지 않을 수 있겠는가. 독자들은 이런 시심과 이미지 앞에서는 맥을 못 추고 그냥

휩쓸려 감동에 잠기고 만다. 시의 멋스러움과 존재이유가 여기에 있다.

비릿한 내음은
입맛 돋구는 어머니 품속.
　　　　-「향수」中에서

고향 야산에 내린 봄비로
깨끗이 씻은
연분홍 청순함

설레임으로도
꺾을 수 없어
바라만 보다가

그 볼에 살며시
입술 대고
속삭인다

'사랑해.'
　　　-「진달래」전문

세상 어디에 이처럼 맑은 시심이 있을까, 김순정 시인의 시심을 따라가다 보면, 시의 순수와 아름다움을 손쉽게 만나게 된다. 그 시심과 만나는 자리는 축제의 순간이요 행복과 낭만이 춤추는 자리이다. 맑은 시심 속에 초대하여, 시의 향기를 껴안고 춤출 줄 아는 김순정 시인이야말로 우리가 진정 원하는 작가가 아니겠는가.

위에서 보는 바처럼 김순정 시인의 시들은 너무나 정겹고 순수하여 거부감 없이 시심 속으로 소르르 빨려들게 한다.

시 한 편 한 편에 김순정 시인의 삶이 녹아나 이슬빛처럼 빛을 발하고 있다. 그러면서 자신이 살아온 삶의 향기를 시 구석구석에 피워 올리며, 나름의 인생관과 세계관을 소롯이 펼쳐 나가고 있다.

무엇보다도 가슴 깊숙이 자리한 기독교 신앙은 김순정 시인의 시 세계의 기둥으로 자리잡고 있다. 천지창조의 신을 믿고, 몸이 다시 사는 것과 영원히 사는 것을 믿는 믿음이 시 속에 스며들어 시의 주요 골격을 이루며 아담한 시 세계를 구축하고 있다.

날이 갈수록 시의 깊이가 더 한층 깊어지고 시야가 더욱더 넓어지고 있어, 점점 기대감이 커지고 있다.

가정에도 축복이 내려 아들, 딸, 며느리, 사위가 모두 정성을 모아 시집까지 발간하도록 돕는 그 모습이 보기 좋고 귀하게 여겨진다.

　부디 이 시집이 독자들에게 오래도록 읽혀지고 무한한 사랑을 받게 되기를 소망해 본다.

　72세가 아닌, 늘 입버릇처럼 말하곤 하는 그 '59세'로 늘 젊고 늘 싱그럽게 세상 끝날 때까지 행복하기를 또한 바란다.

　앞으로도 이 세상을 떠나는 그날까지, 줄기차게 시 창작을 하여 제2, 제3, 제4시집을 펴내고, 나아가 김순정 시선집을 이 땅에 열매로 내보내는 그날까지 부디 강건하고 행복하기를 간절히 기원한다. 끝으로 시를 사랑하고 시를 아끼는 독자들의 지속적인 관심과 사랑을 받아 이 시집이 서점에서 오래 오래 살아남아 잘 팔릴 수 있기를 가슴 가득 모인 여름 향기를 모아, 간곡히 기도드린다.

한실 문예창작 지도 교수 박덕은
(문학박사, 시인, 소설가, 문학평론가, 동화작가, 사진작가)

祝詩
김순정

박 덕 은

하늘이 곱게
날개 펴
푸르게 머문 자리

순정 한 송이
우아하게 피어나
자리잡았네

영생을 믿는
마음 그릇에는
꿈결 남실거리고

유머스런
미소 보따리에는
순박함이 통통거리고

영롱한 눈빛 속에는
결 고운 따스함이
철철철 흐르네

노래하는 것마다
생명의 불꽃처럼
파릇파릇 살아나

시심의 가슴팍에
향기 화살이
무수히 꽂혀

영원하리
깨달음의 핏줄처럼
우뚝 서서
영원하리

사랑하리
우주의 품보다
더 순결히
사랑하리.

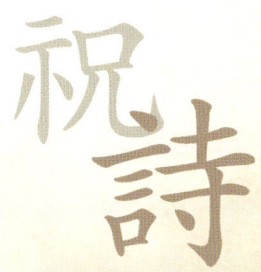

시인의 말

　실록의 계절 느티나무 밑에 앉아 도란도란 꿈을 찍어내며 시집을 세상에 선보이게 되어 더없이 설레며 기쁩니다.
6·25 보릿고개를 겪은 어려운 시절. 꿈을 펼치지 못하고 세월에 떠밀려 살면서도 일기와 언제 어디에서나 나의 일상을 기록으로 남겼던 것이 조금은 도움이 되었습니다. 어느날 문학을 하는 동생의 권유로 한실문예창작과 문인들을 만나 시에 대한 깊이와 열정으로 흰머리 문학소녀 시인이 되었습니다. 울고 웃던 지나온 세월을 묶어서 흔적을 남겨봅니다. 앞으로는 초라한 날개를 접고 태양을 바라보며 날고 싶습니다.
무에서 유를 창조하신 하나님께서는 저를 통해 역사하셨고 순간순간 하나님의 은혜가 크심을 감사 또 감사하며 살고 있습니다.
시심을 샘솟게 격려해 주고 이끌어 주신 지도 교수 박덕은 시인님께 진심으로 감사드리고 항상 묵묵히 격려해 준 남편과 사랑하는 가족들에게 고마움을 전합니다.

　　　　　　　　　　2011. 실록이 푸르름을 자랑하는 팔월에
　　　　　　　　　　　　　　　　　　　　김순정

목차

김순정 시인의 시집 발간을 축하하며 _ 박덕은 · 2
祝詩 '김순정' _ 박덕은 · 8
시인의 말 _ 김순정 · 10

제1부 설렘의 눈짓

사계절	· 16	들꽃	· 30
달맞이꽃	· 17	게발선인장	· 31
비행기에서 본 하늘	· 18	봉선화	· 32
비 온 뒤	· 19	석류나무	· 33
편백나무숲	· 20	호박	· 34
뒷산길	· 21	참새야	· 35
입춘	· 22	매미소리	· 36
벚꽃	· 23	수랑샘	· 37
산골 벚꽃	· 24	비	· 38
진달래 · 1	· 25	변덕스런 장마	· 39
진달래 · 2	· 26	은행잎	· 40
유채꽃	· 27	사과	· 41
베란다 철쭉	· 28	폭포	· 42
찔레꽃	· 29	이파리	· 43
		갈대	· 44
		가을	· 45

11

황소	· 46	제2부 손 내미는 그리움	
소금	· 47		
콩나물	· 48	아버지 · 1	· 66
매월 저수지	· 49	아버지 · 2	· 67
담소정	· 50	어머니 · 1	· 68
옥섬	· 51	어머니 · 2	· 69
담양 죽녹원	· 52	어머니 · 3	· 70
대금굴	· 53	어머니 · 4	· 71
안압지	· 55	바느질	· 73
백양사 · 1	· 56	어느 겨울	· 74
백양사 · 2	· 57	울엄니의 설	· 75
순천만	· 58	울언니	· 77
주왕산	· 59	할머니	· 78
대둔산	· 60	누에	· 79
드들강	· 61	그대	· 80
백수 해안도로	· 62	고백	· 82
태안 바다	· 63	백내장 수술	· 83
새벽 눈	· 64	신인 문학상	· 84
		남편과 그 제자	· 85
		우리 부부	· 86

아들	· 88	고추밭	·112
외동딸	· 89	김장	·113
나의 사위	· 90	우리 동네	·114
큰며느리	· 91	성못길	·116
작은며느리	· 93	고향길	·117
어버이날이요	· 94	고향	·118
손자 · 1	· 96		
손자 · 2	· 97		
수술하는 날	· 98	**제3부 내 마음 나도 몰라**	
방학 동안에	· 99		
운동회	·100	자화상	·120
가족 휴가	·102	친구	·121
형제 모임	·103	친구를 보내고	·122
회상 · 1	·104	내 마음 나도 몰라	·124
회상 · 2	·105	동창회	·125
병원에서 떠난 날	·107	봄날	·127
영정 사진	·108	봉선화	·128
옛 우리집	·109	그때 그 시절	·129
어릴 때 우리 집	·110	삼총사	·130
고향집	·111	송구영신	·131

기도 · 1	· 132
기도 · 2	· 133
수요 성가대 찬양	· 134
어린이날 체육대회	· 135
바자회 송편	· 136
야유회	· 138
컴퓨터 배우다	· 139
무등산행	· 141
겨울 등산	· 142
요가	· 143
헬스장	· 144
새벽운동	· 145
새벽산책	· 146
말바위시장	· 147
나비섬	· 148
향수 · 1	· 149
향수 · 2	· 150
서러워 흐르고	· 151
창 밖	· 152
명당자리	· 153

사별	· 154
머슴	· 155
초가집	· 156
겨울 볏가리	· 157
독거노인	· 158
불효자식	· 159
어떤 상봉	· 160
고속버스를 타고	· 161
정읍 펜션	· 162
여행	· 163
뉴질랜드 여행	· 164
세월	· 165
등나무	· 166

제 1 부 설렘의 눈짓

사계절

봄 오듯
산에도 들에도
설렘으로 가득

여름 오듯
강에도 바다에도
푸른 싱그러움 철철

가을 오듯
오색의 조화
울긋불긋

겨울 오듯
꽃눈송이 펄펄
발자국 소복소복.

달맞이꽃

고즈넉한 달밤
찾아주는 이 없어도

망울진 꽃봉오리 터뜨리며
기다림으로 서 있다

다소곳이 야윈 긴 연민으로
애타게 가슴 쥐어 잡고서.

비행기에서 본 하늘

쪽창에 눈망울 고정시키고
황금 노을 하늘에 감는다

붉다 못해 짙은 둥근달은
금방이라도 떨어질 듯
은빛 부시고

덩실덩실 갈라진 사이
푸른 샘으로 갈증을 해갈하고

쪽진 낭자머리 흰 고무신
회색 자락에 사뿐사뿐 따 담은
온화한 미소

뭉게뭉게
피어나는 나라.

비 온 뒤

맑은 하늘 뭉게구름은
바람 따라 가고

등허리 오솔길은
여린 풀잎에
물방울 대롱대롱 달고 있고

푸른 망초꽃은
구름모자 쓰고
햇살 바라보며 한들한들

작은 새는
노래하며 춤추며
발걸음 멈추게 하네.

편백나무숲

매끈한 몸매로 서서
사계절 내내
멋진 춤으로 건들거리며

산소 내뿜어
검은 하늘 후벼 뚫어내며

살랑이는 푸른 바람
팔딱팔딱 다람쥐
산울림으로 돌아오는 쑥국새 소리
껴안아 반기며

날숨과 들숨으로
해맑게 소살거리며

병든 몸 다 날려 보내라 하네
찌든 삶 다 내려 놓으라 하네.

뒷산길

기다리는 이 없어도
저절로
나서는 길

발길 멈춰 만난
그리움
똘밤 같이 주으며
걷다 보면

어느새
산길 친구

청산이여
나무들이여

빈 마음
채워 주는
산 향기여.

입춘

시리던
마른 나무들이
연민을 느끼게 하는
날

가랑비 오는
우산 속

살랑이는
포근한 가슴에

어떤 색깔을
담아야 할까.

벚꽃

4월이 되면
어김없이 찾아와

아파트를 밝혀 주는
네 쌍둥이

올해도 유난히
몽실몽실 눈길을 끈다

은빛 쏟아내는
천사들처럼

한 잎 두 잎
연분홍 사랑 휘날린다

새색시 미소 머금은
다소곳한 설렘의 눈짓으로.

산골 벚꽃

분홍 하양
설렘 내뿜으며
방실방실

깡말라
매끈한 몸
외로워

연민까지
느꼈던
봄 산사

가슴으로 핀
사랑의 향기
가득

벅찬 열정
퍼부어대며
훨훨.

진달래 1

고향 야산에 내린 봄비로
깨끗이 씻은
연분홍 청순함

설레임으로도
꺾을 수 없어
바라만 보다가

그 볼에 살며시
입술 대고
속삭인다

'사랑해.'

진달래 2

초록빛 야산에
싱그러움으로 연지 찍고
불꽃 정열 휘덮어

여린 목 수줍음으로
진한 향기 살랑이며

잡풀꽃 시새움에도
아랑곳하지 않고
굽은 허리 마른 애달픔 감싸안고

눈물 흘리며
색바랜 그리움으로
서 있다.

유채꽃

끝없이 펼친 노란 바다
푸른 하늘 아래 벌렁 누워

촉촉이 흐르는 봄비를
터지게 보듬어 안고
입맞춤 하고 있다.

베란다 철쭉

고즈넉한 공간에
설렘으로 서서
기쁨 안겨 주는

쭈빗쭈빗 가지에
몽울몽울
휘어지도록 탐스러운

송이송이 화사한
연분홍 정열 뿜어내는.

찔레꽃

때로는
별빛 바라보며
펼쳐가는 하얀 미소
수줍은 향기로 사랑을 주는
꽃나라

때로는
쏘아대는 향기로
콕콕 찔러 붉은 피 흐르게 하고
잔잔한 물가 태풍을 내어 휘젓는
꽃나라.

들꽃 - 故 노무현 대통령을 추모하며

메마른 언덕에서
세찬 강풍에도
허기진 배 부둥켜 안고
선명히 피어나
오로지 한 길 걷다가
외로워 꺾인
노란 꽃.

게발선인장

설렘으로
사뿐사뿐 다가가

볼을 대며
소곤소곤거리면

다닥다닥
파란 구슬 연을 이룬
텅 빈 가슴

환한 빛으로
밝히고

포개진 닭벼슬
뾰족한 입으로

정열을 뿜어내며
뜨겁게 벙글벙글.

봉선화

아파트 화단 앞
한 세상 넓혀가듯

긴 팔 벌리고
오고가는 길손 반긴다

예쁜 손톱 한 잎 두 잎
환한 미소로

연보라 방실방실
등불로 반짝이며

어느덧 가을 되어
사팡사팡.

석류나무

오고 가는 차들에 부딪혀
멍들어 괴로워도

휘이 휘이
아랑곳 하지 않고

빨간 리본 달고
눈부시게 웃더니

속깊은 처녀 젖가슴마냥
몽실몽실
기쁨 가득 매달고 서 있다.

호박

수줍음으로 쌩긋
노란 촛불
밝히고

꿈 나라
훨훨 날아와
입을 맞추면

연초록 젖가슴
사랑에 취해

몽실몽실
기쁨 주는
둥근 마음.

참새야

윙윙
소리 내는
전깃줄에 앉아
지지배배

내가
힘들어 걷는 걸 보고
네 옆으로
오라는 것이냐

너처럼
못 난다고
흉을 보는 것이냐

나도 너 따라
날고 싶구나

날개 좀 빌려다오
지지배배야.

매미소리

어두운 땅속 긴 세월
활활 날개로 승화시킨 기쁨

무더운 땡볕에도
크고 작은 느티나무 감싸고 돌며

바람이 휘몰아치는 순간에도
뒤질세라

목청 찢어지도록 토해내는
애절한 합창

지나온 풍상 다 내려놓고
파란 하늘 가득 담아

춤추며 벅차도록 불러 보는
추억의 노래.

수랑샘

끈적인 손
엎드려 담그면
파란 하늘도 있고
하얀 구름도 있고
나도 있다

잡아 보려고
눈둑 빗겨 앉으면
또 따라와
내가 있고
꼬리 춤추는 송사리도 있고
왕눈박이 청개구리도 있다.

비

갑자기
밤을 휘저으며
쏟아진다

골목
쓰레기 위로
주룩주룩

바람도 나무들도
술취한 듯이
건들건들.

변덕스런 장마

때로는
쏟아지다 못해
펑펑 냇물 소리 내더니

때로는
천둥번개로 어둠 때리며
하늘을 불꽃으로 수놓더니

때로는
감고 또 감아도 떠오르는
피땀의 붉고 푸른 들녘 적시더니

때로는
이제 막 피어나는 풋소녀처럼
실눈으로 윙크하며 애간장 녹이더니

때로는
산사태 일으켜 으렁거리며
꼬박 뜬눈으로 밤을 새게 하더니.

은행잎

길게 뻗은
가을빛 아래
옹올 옹올

지난 사랑
다 내려놓고
바스락 바스락

가는 세월
못 이겨
두런 두런

벌거벗은
외로움으로
휘그르르.

사과

따가운 햇살에 취한 듯
불그레히 반짝이며
향기를 뿜어낸다
설레임으로

상처가 덧날까 봐
떨어질까 봐

사랑하는 연인처럼
살짝 부비고 만지며
속 깊이.

폭포

거대한 바위 절벽
은빛 입맞춤으로
수를 놓고

너른 바위에
부드러운 간지러움으로
몸을 부비며
노래 부르네

향기에 젖은 나비처럼
사뿐히
오색 사랑을 감싸안으며.

이파리

아는 듯
모르는 듯

어느덧
떨어져

외로움
달래듯

바스락
바스락.

갈대

언덕배기 가을 끝자락에
허허로움으로 서서

쎈바람에도
건들건들 넘어지지 않고

다시 털고
꿋꿋이 일어나

하얀 웃음 나래
펴고

높고 푸른 하늘
돌고 돌아

사뿐사뿐
춤을 추네.

가을

눈부신
화려함으로
넘실대는

알알이
뿌듯함이
대롱대롱 매달린

흥겨운
어깨춤이
저절로 나오는

수줍게
붉은 고추처럼
익어가는.

황소

외촌 부엌 옆 검은 가마솥에
곡식과 여물 장작불에 쑤고
함께 밥을 해 먹는 한집안 식구

큰 눈알 굴리며 하는 새김질은
혈기왕성 입맛 돋우게 하고

동이 터서 저녁 노을까지
묵정밭을 기름진 옥토로 가꾸는
보물덩이

어쩌다 낳은 송아지
오일장에 끌려 갈 때면
뜨거운 눈물 삼켜 터지는 음매 소리

가슴 찢어지는 아픔
헛기침으로 달래 보는
진한 사랑.

소금

짠물 네모판에
쨍쨍

적막 같은
몸 태워

좔좔
눈물 흘리고

메밀꽃보다 더 환하게
빛을 내고.

콩나물

숭숭 뚫린 옹기 안
짚 한 줌 또아리
방석으로 깔아 놓고

풀풀 태운
재 한 줌
설설 뿌려 놓고

우윳빛 어린 가슴
겹겹이 쌓아 놓은
숨소리조차 힘든

암흑의 보금자리
잦은 쪽박 퍼부은 눈물로
꿈틀거리다가

힘차게 솟구치는
노란 날갯짓이여.

매월 저수지

쌔한 바람 보듬어 안고
침묵의 자태로
누워 있는

쏟아지는 오색빛 아래
살포시 얼은 물속으로
은비늘 반짝이는

철새 날으듯 숨어 버리고
낙엽된 갈대로 덮여
높고 낮은

맑은 공기
채우고 또 채우며
노래하는.

담소정

봄을 달구었던
꽃들이 지나간 자리

긴 목 연이파리는 살랑이며
진한 사랑 뿜어내고
투명한 물솟음이 반짝이며 눈부시다

느티나무 아래 정자에 걸터앉아
설레는 웃음꽃
가지마다 걸어놓고

무지개 케이크 리본 달아놓고
마주치는 짝짝이 장단에
하모니 이루며 찰칵찰칵.

옥섬

넓은 바다 잠깐 머문 빛으로
온갖 찌꺼기 날려 보내고

추억 이야기로
황톳빛 꽃밭 이루다가

통나무 장작불 숨막히는 공간에
술취한 듯 맥 빠져
수양버들처럼 축 늘어져

달보드레 고로쇠
마른 명태 쫙쫙 찢어
드려라 마셔라 부어라
뒷간 들락날락.

담양 죽녹원

돌계단 올라가면서
말한다

산속에 높은 길이
하늘에 닿아 있구나

그늘을 만들고
오랜만에 함께 모여
걸어 보는
하얀 세월처럼.

대금굴

어두운 굴 속
오색으로 반짝이는 불빛이
발길 인도한다

방울방울
매달린 석순

칼날 같이 둘러처진
황금 보석들

하늘을 찌를 듯
높이 쌓인 석대

천둥번개 호령으로
쏜살같이 쏟아지는 폭포

한결같이
아름다움으로 장식한
웅장한 궁궐

하얀 천사들이 서로 만나
사랑으로 함께 흐르는
신비로운 나라.

안압지

잘잘 끄는 예복에
우아하게 핀 꽃인 양

호수에 빛으로 흐르는
신비로운 은물결인 양

붉은 치마 펄럭이듯
너울너울 추는 춤인 양

멀리까지 천하를
호령하는 소나무인 양

은은히 날갯짓 하며
치솟는 대금소리인 양.

백양사 1

맑은 햇살 아래
구불구불 구불길

세월 묵은 비자나무는
큰 항아리 향으로
검게 탄 속 헹궈내며
뭉텅뭉텅

홍색 단풍은
유리알처럼 눈부시게
아롱아롱

벅찬 열정은
그리움 품어 안고
사르르르

푸르고 노란 사이
산자락은
숨막힘으로 애무하며
자꾸 자꾸 올라간다.

백양사 2

높은 하얀 하늘
우거진 등산로
벅찬 초록 가슴
웅성웅성

눈부신
애기단풍은
우윳빛 꼬막손 흔들며
아롱아롱

빨간 단풍은
어린 신부처럼
쪽두리 연지 찍고
다롱다롱

부드러운 살결
노란 단풍은
수줍은 소녀처럼
아롱다롱.

순천만

빽빽한
초록 갈대는
화사하게 한들거리고

칠면초는
햇빛 따라
살랑살랑 간드러지게
춤 추고

노랑부리저어새는
하얀 드레스 입은 앳된 신부처럼
외다리로 서서
청명한 노래로 유혹하고

추억은
떼를 지어
파닥파닥 바람을 내며
에스자 교각 위로 날아가고.

주왕산

바스락거리는
발걸음

실오라기 하나 걸치지 않고
쉬고 싶다

오색 단풍으로 둘러싸인
매끈하고 우람한 바위 위에서.

대둔산

오랜만에
단비로
촉촉한 산자락

오색 빛깔
선명한 자태
눈부시다

구름다리 낭떠러지
가슴 조이며
찌릿 찌릿

올려다볼수록
꼬불 꼬불

정상을 바라보며
끙끙 끙끙.

드들강

맑고 긴 강물
갈대밭으로 성을 이루고
코스모스는 활짝

아담한 정자 앞으로
오고 갔던 시인들
발길 멈춰 지은 시
뺑 둘러 붙어 있네

둑이 무너지고
또 무너져
꽃다운 처녀
드들이를 바친
넋을 기리며.

백수 해안도로

똑딱배 파도가
일렁이며
회색빛 단잠을 깨우자

오르막 내리막
칠백 계단은
뜨거운 갈증 토해낼 듯

짠 바람에 견딘
동백꽃 멍울들은
바라만 보아도 터질 듯.

태안 바다

아스라히
짙푸른 물결
아롱거리고

잦은 파도
검은 웃음으로
껄껄거리고

쏟아지는
그리움의 진한 향기
살랑거리고.

새벽 눈

별빛 없는 재색 하늘에는
천사가 춤추듯
너울 너울

밤새껏 내려
발자국 디딜 때마다
뽀드득 뽀드득

거리 츄리 위의
오색 꽃송이는
짓눌린 가슴 환한 빛으로
열어두는 듯

키 잦은 맨살의 나무들은
흰 무늬 이불 덮고
다소곳이 앉아
소곤 소곤.

제 2 부 손 내미는 그리움

아버지 1

따스한 웃음꽃으로
업어 주고 안아 주던
솜이불 속 같은 보금자리

동네 아낙들의 편지도
대신 써 주고 시조도 하시던
훈훈한 뒷동산

햇빛 없는 그늘의 세월로
피 맺힌 폭풍우 부둥켜 안고
꿋꿋이 살아온
큰 소나무.

아버지 2

무심코 뒤적이다가
노랗게 얼룩진 편지
절절함으로 떠오른다

식도암으로 앙상해진
생기 잃은 눈맞춤
떨리는 가슴으로 파고들어

바늘과 실처럼
귀여움 독차지한
그 길만은 어찌 할 수 없어

속울음 퍼내며
살며시 닦아 주던
그 모습 그리워 그리워.

어머니 1

쌀곡식 밭곡식
무겁게 이고 지고

바람결에 묻어나는
흙내음 풀내음 가득 싣고

힘들고 발걸음 무거워도
오일장 부푼 마음

이리 저리
앉았다 일어서면
어느새 파장

파랑 고등어, 갈치 사들고
덜컹대는 버스를 타고.

어머니 2

얼마나
예뻤을까

무명 적삼 입었어도
검정 고무신 신었어도

흐른 세월이어도
주름이 졌어도

얼마나
고왔을까.

어머니 3

혹독한 보릿고개로
허기져

풋보리 이미겨 소나무 몸에
흐르는 피와 살까지
허리끈 질끈 동여매고

창칼로
부모형제 아린 자식까지 잃고
타 버린

연약한 몸으로
등대가 되어 준
생명줄.

어머니 4

아침 일이 하루 일이라며
동 트기 전
식구들 귀뜰까 봐

살짝 바구니 옆에 끼고
어둔 길
이슬에 젖어가며

꼬불꼬불 돌아
악샘서리 밭에 간
바다

오밀조밀 망태에 담아
이고 들고 풀어놓은
빛으로 돌아와

그때까지 세상 모르고 자는
우리들을 깨우는
바다

알아 주는 이 없어도
보아 주는 이 없어도
한없이 넓은 바다.

바느질

군불 땐 화롯불 밑
다독 다독 담아
인두 꽂아 놓고

희미한 등잔불 밑에 앉아
추울새라 솜바지 저고리 끼고서

이맛살 찌푸린 채
바늘귀 넣다

귀뚜라미 울음소리랑
오순도순 지칠 줄 모르고

허옇게 허옇게
첫 닭이 울고.

어느 겨울

하얀 하늘 날리던 밤
문풍지 노랫소리에
웅크리고 또 웅크리고

솔가지 뚝뚝 꺾어
고래구멍 폭폭 집어 넣고
불쏘시개 활활 타오르고

펄펄 끓는 검은 가마솥
놋화로 따독 따독
익은 고구마 호호 불어

동치미로 입맛 다시고
깜박이는 등잔불 밑 어머니
전구알 쑥 집어 넣어

양말 뒤꿈치 새 것처럼 쌓다 보면
어느새 자정이 넘고.

울엄니의 설

가냘픈 허리끈 졸라매고
은행잎색으로 치마 물들여 곱게 곱게

명주솜 저고리 남끝동 자주 고름
다듬이질로 반들반들

북풍에 웅크리고 장작불과 씨름하며
검은 가마솥 물엿 오래 오래

달궈진 인빙에
네모 난 산자 고실고실

돌확에 찰떡 치고 쳐서
노란 고물 인절미 쫀득쫀득

솥뚜껑 엎어 놓고 오색 전 꽃양념
넓은 채반 꽃밭 되어 고소한 내음 풀풀

온갖 정성 석작에 담아
뒷시렁에 줄줄이 호슴 태워 놓고
한시름 놓은 듯 휴우

하루 종일 종종걸음에
밤새 앓는 소리 끙끙

울할매가
그랬듯이.

울언니

연분홍 치마 찰랑찰랑
옥색 저고리 자주 고름
곱게 딴 꽃댕기

사랑의 둥지 되어
맛깔스레 고소하던

손 자수 벽에 등불로 걸어 놓고
동네 손발 되어 버선까지
미싱 돌리던

소문으로 향기로 번져
오빠 친구 동네 총각
담 위로 꼴깍꼴깍

중신애비 들락날락
문턱 닳아졌던

쏜살같은 세월에
할미꽃 되어
지금도 곱디고운.

할머니

별빛 없는 먹방
희미한 호롱불

물레소리
줄줄이

살아온 세월
흥얼흥얼

베틀에 앉아
찰크닥찰크닥

사계절 소리로
꿈의 무명베 짠다.

누에

깨알을 트고
고물고물 보시시
하늘 공기로 피워낸
뽕잎

살랑살랑 덮어 주면
살포시 깊은 잠에서 깨어나
노랗게 익어간다

활활 넣는 불에
번데기 되어
은빛실 보드에 감겨
이리 착 저리 착
명주 필이 될 때까지.

그대

언제나 그리움 가득
마음속 절여오던
그대

눈빛만 마주쳐도
서로가 빨려들던
그대

하얀 눈
펄펄 쏟아지는 날

바지가랑이에서
고드름이
발 시려 동동거리면

코트 속으로
품어주던
그대

사뿐사뿐
내리는 꽃 속으로

오고 가며
밤을 지새웠던
그대.

고백

한평생
불평만 한 것
같지만

마른 가슴
적셔 주는
촉촉한 당신

그러기에
언제나 행복했던
지나간 세월

사랑해요
한 번도 말 못했지만
고희 바라보면서
허전한 가슴

사랑으로 녹여준
당신의 그 정

속으로는 늘
내 깊은 샘물이었죠.

백내장 수술

싱그런 푸르름으로
청정했던
나

세월따라
마른 낙엽
생기 잃어 버리고

하얀 천사
나를 덮쳐
반짝 반짝

살짝 웃으며
손 내미는 그리움

가슴 움켜쥐고
살금 살금.

신인 문학상

설친 잠
일찍부터
설레임 억누르고

반기듯
활짝 웃으며
손짓하고

바람 소리
노래 부르듯

고목된 황혼
갈고 다듬어
열리고 터져

반짝이는 등단 꽃으로 피어
나의 최고의 기쁨으로
안기네.

남편과 그 제자

뒹굴고 싶은 그리움 속으로
장막을 깨고
세월을 거슬러 본다

골진 주름 메우고
팔랑팔랑 예쁜 꽃단장으로

서릿발 스승과
중년이 된 제자가
부둥켜 안고

밀린 보고픔
주고받는 사랑 속에
아쉬운 마음
어화둥둥
노래로 풀어낸다.

우리 부부

고향 탯자리
한 동네에서 자란
코흘리개 친구

책보자기
등가슴에 질끈 동여매고
먼 길 초등학교 다니던
바늘과 실

마을 회관에서
함박눈 축복으로
하얀 드레스 인연 맺어
여보 당신으로

빈손 가장으로
촛불 된 당신을 사랑했기에
예쁜 삼 남매 태어나

빛과 소금으로
든든한 울타리 되어

어느덧 검은 머리
은발의 면류관 되어

가족의
소중한 둥지 안에
깃들다.

아들

빛으로 서 있는
큰 소나무여

떡잎부터 속잎 겉잎
한 둥지 한 길
다듬어 푸르게

폭풍우 검은 구름 덮쳐도
두 손 번쩍 들고 흐르는 빗물
흐르고 토해내며

높고 환한 나라
꿈꾸며 서 있다

활짝 열린 나라
갈 때까지.

외동딸

연한 순처럼
한 송이 꽃처럼
여리고 곱디고운

생기 돋는 햇살 반짝이듯
벅찬 꿈 안고 흔들며
첫 출근을 하는

그늘질 때도
지쳐 누울 때도
깊은 속 헤아려 주는

하얀 드레스 천사 되어
훈훈한 마음으로
행복을 빌어 주는.

나의 사위

끈끈한 붉은 혈맥
고스란히 흘러 푸른 강물

눈부시게 쏟아지는
빛으로 아름답다

구김 없는 한길 맑은 마음
드러내지도 나서지도 않고

소낙비 칼바람 불어도
굴하지 않고

시든 영혼 기대여
쉬어 가는 참나무 되어

열매 나눠 주고
황금 깃발 날리며 서 있다.

큰며느리

처음 보는 순간
마음으로 콕 찍어
함박꽃 되다

아담한 키는
수줍음으로

잔잔한 미소는
들꽃으로

그날 밤 꿈속에서는
연분홍 보자기에 싸인
노란 꿀병으로

번쩍 깨어나서는
햇빛 환한 설렘으로

다시 만났을 때는
밀려오는 푸른 호수로

세월이 흘렀어도
그때 그 모습 그대로

여전히
어여쁘기만 하다.

작은며느리

생각만 하여도
미소가 솟는

아무리 보아도
부족함 없는

자랑하는 내 마음이
더 흐뭇한

속은 더 예쁘게
꽉 차 더 예쁜

예쁜 짓만 예쁜 짓만
골라서 하는

무엇 하나 못해 줘서
마음 아픈.

어버이날이요

손주들이
엎어지고 뒤집어지며
쿵쿵

아빠가 눈알 굴리더니
뚫어지게 쳐다보며

"오늘이 무슨 날?"
"어버이날이요."

애들을 너무 잡은 것 같아
할머니가 아빠를 보며

"오늘이 무슨 날?"
"어버이날이요."

잠시 후
장난꾸러기 두 손주 놀다가

형이 놀리는 동생에게

"오늘이 무슨 날?"
"어버이날이요."

그 순간
웃음꽃이
자글자글 피어난다.

손자 1

꼬막손 불끈 쥐고
울음으로 알리는
고추

세상을 다
얻은 것 같은
벅찬 설레임

진자리
마른자리
주무르고 만지고 토닥이고.

손자 2

깔깔 웃는 소리
우당탕
문 두드리는 소리

하던 일 놓아두고
단숨에 두 팔 벌려
오냐 오냐 내 새끼들

그리움으로
안기고 안고 부비고

싱싱한 것들만 골라
불근불근 사각사각.

수술하는 날

8살배기 손자
조개껍질처럼 눈가에 붉은 이슬
작고 네모난 공간에
모은 채 고즈넉하다

꽃밭처럼
아름다워서였을까

강물처럼
따뜻해서였을까

탯자리에부터
아무 감각 없이
친구처럼 흐른 세월

하얀 마음 덮쳐
투명한 물줄기는 흘러 들어가고
검은 핏물은 주머니에 채워
버려지고 있다.

방학 동안에

함박꽃 축복으로 내리듯
형제가 엉거주춤
울상으로 찌푸리며
어그적어그적

"할머니 저희 포경했어요."
소녀 아닌 소년들이 미니스커트 입고
보이는 고추는 벌겋게 변하여
살짝 옷깃을 스쳐도 온몸 질색하며
다리를 벌리고 웅크린다

보고 싶어도
꼭꼭 숨겨져 있던 씨알들이
탱자처럼 올라 붙어 있고
탯자리에 떨어진 고추 대신
한여름 풋고추까지 다 내놓고
쫑알쫑알.

운동회

밤새 내리던 부슬비
서서히 걷히고
잿빛 구름으로
하늘거리던 날

교장 선생님은
우리 학교 어린이들은
모두 착하고 의젓하다며
연신 칭찬을 쏟아붓고

전교어린이 회장인 우리 손자는
비록 가냘픈 모습이지만
야무지게 단상 위로 뛰어가
질서 잘 지키라는 한마디

또박또박
바람 타고 하늘 뚫어져라
울려 퍼지니

시선 꽂으며
짝짝이는 박수갈채

덩달아
넓은 운동장 노란 꽃들이
한마음으로 나풀거리네.

가족휴가

무거웠던
마음의 짐
다 날려 보내며
달린다

푸르름으로
웃음꽃으로
긴 시간 흐르고
갈색 물결 날고

남은 찌꺼기
한 점 없이
세차게 찰랑이며
파도와 함께
토해내고

바닷속 향기
듬뿍 담고 있는 곳을
향하여.

형제 모임

벌판에
아담한 별장처럼
맞이하는 함박웃음

그리움으로
꽃을 피우고

어미가 새끼를
새끼가 어미 된
멍멍이들

풍년의 노래로
이리 저리 뛰어논다

익어가는
가을 향기처럼

풍요로움 바라보는
농부의 마음이 되어.

회상 1

커피향 한 잔
탁자 위에 올려놓고

찌들었던 맘속으로
한 모금씩 넘길 때마다

조금씩 하얗게
정화되는 듯

어느덧 젖내음으로
콧속이 촉촉이 적셔지고

그 먼 나라로 훌쩍 가 버린
바로 위의 오빠가 유달리 그립고

눈썹 하나 하나 통곡했던
그리움은 피었다 지고

추억의 아픔조차
이슬처럼 방울방울 흘러내리고.

회상 2

텅 빈 방안
가슴 깊은 곳
후끈히 밀려오는 눈물방울
떡잎 사랑 그리워
이불을 보듬어 안아 본다

손 시려 호호 불며
코 흘리며 싸우고
시끄럽게 장난칠 때도
예쁘고 사랑스러웠디

앞치마 입고
콧노래 부르며
세 아이 등록금 챙길 때도
별빛 바라보며 행복했다

이리 뛰고 저리 뛰다
자장면으로 외식할 때는
활짝 핀 함박웃음으로 단란했다

잰걸음으로 손에 손잡고
첫 출근할 때는
우주가 내 것이나 되는 것처럼
빛나는 아침 털어 주고
쓰다듬어 주었다

하얀 드레스 나비넥타이
짝 지어 둥지 마련해 줄 때는
설레는 가슴 터질 것 같았다

그때가 그리워
이토록 하얗게
흐르고 또 흐르고.

병원에서 떠난 날

침대에 홀로
빨간 물줄기는 한 방울씩
긴 세월처럼
조바심에 떨고 있다

푸른 제복들
천둥번개 치듯 뛰어다녔으나
긴 여정을 남긴 채

단이함 입고 온
신발과 옷
다시 챙기지 못한 채

옷깃 여미고
아무 준비 없이 나서는
설레는 마음
별빛으로 피어나다.

영정 사진

하얀 국화 향기와
세월의 진한 정은
줄 지어 흐느끼고

검은 제비 리본은
회한으로 토해내고
활활 촛불은
서러운 심장을 태워내는 날

오랜 세월 병든 아내
시리고 매운 수발로
온몸 삭정이 되어가는 줄도 모르고
무거운 가슴 안고 가신 임이여

높은 산비탈 햇살 아래
한 줌 재가 되어
옆자리 잡아놓고 기다리나이까.

옛 우리집

울안 옆 아담한 장독대
크고 작은 항아리는
형제들처럼 옹기종기

봉숭아와 채송화는
갓 시집 온 새색시처럼
수줍음으로 사뿐사뿐

옹달샘처럼 파진 돌확은
빨긴 고추 쓱쓱 갈아
갖은 양념 설설 뿌려

식은 밥 밥통차 놓고
가닥지 손으로 걸쳐
시시거리며 아삭아삭.

어릴 때 우리 집

쌍대문 밀고 들어가면
복구는 꼬리 치며 멍멍
돼지는 큰 눈망울로 꿀꿀

수탉은 잘났다고 꼬끼오 퍼덕퍼덕
암탉은 알 났다고 꼬꼬댁 오므르르
병아리는 삐약삐약 까르르르

오리는 덩달아
궁둥이를 내돌리며
짜우뚱 짜우뚱 꽥꽥.

고향집

회색치마 흰적삼 검정고무신
품속으로
예쁘게 가꾸어 놓았던
그곳

시래기 된장국에
쑥쑥 뽑은 겉절이로
입안 가득 향내 나던
그곳

흙먼지 날리며
누구를 기다리는지
잡초만 우하게 서 있는
그곳.

고추밭

산들바람에
푸르게
푸르게

땡볕에
빨갛게
빨갛게

윗밭에도
아랫밭에도

바구니
옆에 끼고
총총

강아지도
꼬리치며
통통.

김장

싱싱함만
골라

항아리에 담은
맑음

듬뿍
듬뿍

양념맛
손맛으로
피어나

차곡차곡
흐뭇함
채워간다.

우리 동네

어스름녘 첫 닭이 울면
방 추워 일어나
군불을 지핀다

동네 굴뚝마다
검은 머리 풀고
하늘로 날으면

집집마다
어린 자식 깨우는 소리
개짖는 소리

구수한 된장찌개
코를 찌르는 소리

두레박 샘물 퍼
또가리 동이에 받쳐
동네 아낙네들 물동이 이고 가며
속닥거리는 소리

뒷집 두붓집 아저씨 말이야
해수명으로 콜록콜록 술 먹고
담배 피워 아줌마 도망갔다지

동제 은행나무 까치 울면
반가운 손님 온다더니
돈 벌러 간 맹순 아버지는 언제 올까.

성묫길

빨려들 듯 높은 하늘
가을 들판은 노란 물결
비단결로 자르르 흐르고

꼬불꼬불
긴 막대기로 제쳐가며
끙끙대고 토해내며 올라간다

고사리 꺾고 버섯 따러 왔다가
똘밤 주우며 행복했던
추억 묻어 있는 길

대대로
그리움은 그칠 줄 모르고
이야기꽃 피워낸다.

고향길

쐬한 눈보라
날리고 쌓여
무거운 마음
뜬눈으로 흐르고

앞으로도 뒤로도
할 수 없는
그리움으로
강물 되어 흐르고.

고향

한 번쯤은
가야 한다

아무리 멀어도
가야 한다

아무리 가까워도
가야 한다

지금은 변했어도
산천도 사람도
모두 다 변했어도

우리의 뿌리가
있기에

그곳에
가야 한다

한 번쯤은
가야 한다.

제3부
내 마음 나도 몰라

자화상

보랏빛 웃음은
갑작스런 회오리바람으로
긴 동굴에서 빛을 찾아 헤매다

허리끈 동여매고
푸른 꿈을 온몸에 두르고
달려오더니

보일 듯 잡힐 듯
뱃속의 불꽃은
명치끝까지 차올랐다

타 버린 숯덩이는
갈피 못 잡고 휘저으며
몰아쉬는 입김으로 씰룩이며 울상이다
삭히지 못한 서러움으로 벌떡였다

손발이 따스한 체온으로 돌아와
천천히 춤추듯 까닥이며
개구리울음처럼 희미하게
귀를 간질이듯 반짝인다.

친구

서로가 희미한 눈
굵은 주름으로

서로가 부둥켜안고
어루만지지만

굽은 허리
황혼 짚고

온기는 없고
흰머리만 날리고.

친구를 보내고

어스름에 젖으면
어김없이 찾아오는 적막 흐르는 공간에
지나온 세월들이 서로가 앞동질러 다툰다

묵은 느티나무 부둥켜안고
놀이터 따먹고 고샅길 휘감아 돌며
숨바꼭질로 넘어지고 낄낄거렸던
우리

고구마 참외 서리 내 집 닭 서리 하고는
시치미 딱 떼고 이불 뒤집어쓴 채
코 고는 척했던
우리

높은 원두막에서 볼일 보고
살금살금 올라가다가
도둑인 줄 알고 힘껏 내팽개침 당해
낭떠러지로 떨어져 죽을 뻔했던
우리

벌 거 다하고
오래 오래 살 것처럼
당당했던
우리

그 푸른 마음 다 어디다 두고
세월 속에 고랑진 얼굴 마주보며
이제는 돌아올 수 없는 먼 길로
각자 추억의 눈썹에 이슬 맺으며
걸어가는
우리.

내 마음 나도 몰라

화창한 봄날
갑자기 심장이 멎었다가
다시 쿵쿵

우울증 때문일까
굽은 고독의 허리 때문일까

한세월 함께했던 친구
훌쩍 떠나보낸
허전함 때문일까

받은 사랑만
반짝이는 무게로
남아 있음일까

목쉰 울음 폭포로 솟아
주체할 수 없어
안절부절못한 채
흐느끼고 있다.

동창회

그리움으로 만난
까까머리 머스마들
단발머리 가스나들

바짓가랑이 걷어 올리고
통치마 벌렁이던 우리들

무명보자기 책 둘둘 말아
허리에 질끈 매고 진도리 비사채기

깔깔거리며
웃음꽃으로 피어난다

비록
온기 없고 희미한 눈
굵은 주름 뜬구름으로 가리고
굽은 허리 황혼 짚고
은빛머리 눈부시지만

고목에 핀 하얀 웃음은
목련으로 피어
보랏빛 전율로 끈적끈적 흐르고

이름 석 자 별명으로 되살리는
푸른 마음들이
파랗게 파랗게 소살거린다.

봄날

설레는 가슴 안고
그리움으로 만난
낙엽 친구들

주름을
향기로 덮으며

웃는 입가는
하얀 목련으로 피워내며

새로 뚫린 길 타고
명사십리 까막섬으로 달리며

흘러간 노래
그 시절을 그리며

정자나무집
쭈꾸미와 복분자 술 한 잔에
오고 가는 세월을 붙잡아 놓으며.

봉선화

토담 밑 화단에
흰분홍꽃
똑똑 따
찧고 찧어

호롱불 아래
마주 앉아
낄낄대며 묶어 주고

열 손가락 다칠세라
날새자마자 쏙쏙 빼어 던지면
곱게 물든 장미 손톱

시새워 자랑하던
그때 그 시절이
올해도 예쁘게 그립다.

그때 그 시절

혹독한 일제강점기를 맞고
6·25사변 보릿고개로
허기져 철골이 되어

허리끈 찔끈 동여매고
모진 생명줄을 이어가기 위해
풋보리 이미겨 소나무 몸에

흐르는 피와 살까지
낙지는 대로
산천초목 황무지 되었고
세상 인심 각박하여 등 돌리고

창칼로 부모형제 어린 자식까지 잃고
타버린 연약한 몸으로
등대가 되어준
어머니들.

삼총사

세월만큼이나
미운 정 고운 정
한 지붕
둥지 둥지

언제나
어딜 가든지
뒤질세라
팔랑 팔랑

혹여나
무슨 일 있어
둥지가 비어도

속깊은 사랑으로
채워 주는.

송구영신

설레임으로
달려 보았지만
그냥 그 자리

다소곳이
무릎 꿇고
향기 나는 꽃으로 피어나고파

눈부시게 뿌연 마음으로
두 손 모아.

기도 1

찌든 마음
내려 놓으면

하염없이
흐르는

보이지 않는
하얀 꽃송이.

기도 2

살랑이는 향기는
봄을 알리듯
코를 찌르고

손에 손 잡고 춤추며
열띤 목소리
산천을 찌르고

터질 듯한 함성은
온몸 가득
범벅되어 흐르고.

수요 성가대 찬양

반짝이는
예쁜 꽃밭에

해맑은 눈동자 청아한 모습
다순 마음 순백으로 안아

위를 바라보며 기도를 토하는
하모니

그 위로
눈부시게 쏟아져 내리고 있는
함박꽃 향기.

어린이날 체육대회

투명한 설레임으로
행운의 목걸이 건 채
구령에 맞춰 몸 흔들어 풀고

흰 머리 동심으로 돌아가
열띤 응원과 땀 손에 쥐고
들락날락

족구 배구 서브 공이
하늘을 찌르고 날으면
숨 벌렁벌렁 앞다투어 동동거리고

맛깔스런 진수성찬에
풍선처럼 부풀어 오른 한마음은
끈끈한 전율이 흐르고

행운의 추첨이 터질 때마다
가슴 터지도록
환호성을 부둥켜 안고.

바자회 송편

추석 앞둔 이맘 때면
하얀 보들이와 파란 찰순이는
길게 놓인 테이블 위에
앉아 떨고 있다

설레임으로 동글동글
굴을 파서

맛과 정성
듬뿍 채워 놓으면

예쁜 반달
실눈 싱긋

입소문 널리
퍼지고 퍼져

환한
함박꽃 되어

노란 티 흰 수건
신바람 궁둥이들 씰룩이며

고속버스 타고
서울까지

어느덧 그리움으로
서서히 익어간다
쫀득쫀득.

야유회

회색 구름으로 텐트를 친
푸른 잔디 위 살랑임은
옷섶 속 바지가랑이까지 상쾌하다

콩주머니 던지기, 공차기
열기 가득하고
양쪽 릴레이 선수들은
동심의 앞가슴 내밀어 벌떡이며
힘차게 힘차게

홍 청 양쪽 깃발 하늘을 찌르고
바라보는 청솔나무 장미꽃 들은
한들한들 장관을 이루고

아낙네 치맛자락은
쉴새없이 펄럭이며
응원을 한다

돌아라 강강술래
한마음으로 즐겁게
돌아라 강강술래.

컴퓨터 배우다

부푼 가슴으로
관절 토닥이며
끙끙 숨 몰아 쉬며

학원 4층
밀고 들어가면

고랑진 얼굴에
하얀 미소들
서로 화답하고

앞자리에 낙엽으로 앉아
두 눈망울 크게 뜨고

앙상한 열 손가락으로
키보드 두둘기지만

깜깜한 머리
자꾸만 곁길로 간다

훅신거리는 온몸
달래고 어루만지며
사랑으로 안아 주면

방긋이
수줍음으로
뒤따라간다.

무등산행

하얀 웃음으로 반겨 주는
실개천 노랫소리 일렁이는

뜨거운 빗물 훔쳐낸
맑은 하늘 새털구름이 춤추는

우람하고 포근한 품속
물감으로 예쁘게 색칠한

신들마림 필딱필딱
다람쥐 따라 흐르는

등불 밝히듯 향긋한
풀내음으로 온몸 헹궈내는.

겨울산행

모자 장갑 아이젠까지 동원하며
방패막으로 꽁꽁 동여매고

기척 없이 퍼붓는 함박눈 뚫고서
정상에 올라가

옹글진 마음으로
얏호

합창곡처럼 메아리쳐
은빛 찬란히 돌아오네.

요가

에스라인 선생님
반짝이는 눈 해맑은 미소가
은은한 향기 날리는
아담한 공간

어느새
모여드는 오색의 꽃들로
가득하다

실렘으로 인사한 뒤
구성진 구령 따라
꼬아 보고 펴 보다

학처럼 외다리로
두 손 번쩍 들고
비틀거리다 곧추세우며
하얗게 하얗게.

헬스장

유리문 열고 들어서면
꽃미남 긴 머리 관장님이
하얀 미소로 눈 도장 찍고
반겨 주는 곳

자고 새면 만나는 한 둥지
따순 마음 끈적이는 정 오고 가며
전율이 흐르는 몸매 과시하며
벌리고 돌리고 털고 달린다

구릿빛 얼굴에 뜨거움 토해내며
쏟아지는 땀방울 훔쳐내며
에스라인 나풀나풀 춤추며
오늘도
너털웃음 꽃피우기 위해
벌리고 돌리고 털고 달린다.

새벽 운동

둥그런 학교 운동장
반짝이는 별빛으로
그어 놓은 외줄 따라
천천히
발길 열어 간다

앞 사내의 다리는
황새처럼 겅중겅중
뒤따르는 내 다리는
참새처럼 쫑쫑쫑쫑

뜨거운 입김 뿜어내며
꼬고 흔들며
가벼운 마음으로.

새벽산책

오솔길 가냘픈 풀목 잎
부드럽게 스치고
산들바람 속깊이 시원하다

시린 다리
한 번 잘못 들어도
삐꺽 깜짝
희어진 세월
살금 살짝 오른다

아픈 것 잊고
가을 떨어진
앙상한 그리움만 데불고.

말바위시장

포동했던 단골 아즈매
쏜살같은 세월

윤기 없이 삭은
밭고랑 굽은 허리 서릿발

싱싱한 진수성찬거리
무공해라 손사례치면

발길 멈춰 수북하게
눈길 모으고

오다가다 만난
삶의 향기

팥죽 먹으며
다시 올 장날을 기다리며
수다를 떤다.

나비섬

뭉게구름의 눈물이
펄펄 내리고 쌓여도

너무나
사랑하고 소중해서
가슴에 품고

잰걸음으로
보고픔 안고

향긋한 차 하얀 김으로
사랑의 전류가 흐르고 흘러

볼수록 정겨운 화로 모닥불처럼
안 보면 그리움으로 터질 것 같아

언제부턴가
그날이 되면.

향수 1

아물거리는 세월
황무지 벌판의 큰 소나무로 서서
빗장을 열어 보니

안아 주고 토닥이며
뜨거운 눈물 피가 되어 흐르고

푸른 초원
우뚝 솟은 붉은 깃발
하얀 바람 따라 펄럭이고.

향수 2

푸른 갯물이
날고 드는 바다

돌에 부딪쳐도
아픈 미소 짓고

어부들 힘겨운 노래
물살이 씻고 간 뒤

비릿한 내음은
입맛 돋구는 어머니 품속.

서러워 흐르고

언제나
그대 가슴 앞에
앉을 때는

너무나
작은 모습으로
속삭였지만

그 몇 마디가
긴 추억으로 남아
서러워 흐르고

골목길
희미한 불빛 아래
떨림과 그리움으로
서러워 흐르고.

창밖

묵은 세월
등에 업고

허허로움으로
내다본다

각색의 꽃향기는
풀풀 속 깊이
저며오는데

늘푸른 대나무들은
손을 흔들흔들

이름 모를 새들은
저리 청명한 소리로
지저귀는데.

명당자리

푸른 하늘
공기 좋은 산자락
나무 사이 사이

예쁘게
잘 가꾸어 놓은
잔디 봉우리

잘 살고
못 사는 사람도
저 봉우리 되어

심판 끝날에
누가
하늘나라 갈까.

사별

투병으로
견딘
함박꽃

눈을 감아도
눈을 떠도
지워지지 않는
곰살궂은
함박꽃

오르막길
내리막길
구듭하고

짠물 되어
고통 다 잊고

훨훨
하늘나라
함박꽃.

머슴

재채기가
새벽을 깨우면

바지가랑이 짝으로
돌돌 걷어 올리고

이마에 하얀 수건
질끈 매고

양철 물통을
지게에 걸어

두레박으로 샘물 퍼
항아리에 넘실넘실 채우고는

마루 밑 토방부터 구석구석
앞마당까지 싹싹
모아 태우고

떠오르는 햇살 따라
바작에 연장 지고.

초가집

낮에는
잦은 손놀림으로
마람을 엮고

밤에는
쾌쾌한 사랑방에 모여
잡담으로

간드러진 배를 부둥켜안고
마른 손 태태 하며
길게 새끼를 꼬아

용마름 씌워 놓고
번뜩이는 낫으로
예쁘게 다듬어 만든
노란 버섯집.

겨울 볏가리

타작마당 탈곡기에
휘둘러 털려 나오면
볏섬 통가지는
배부르게 올라오고

다발다발 집가리로 올라와
노란 성위 소복이 한가롭다

참새 떼 재잘거리면
노란 모이 유혹으로 깔아놓고
덫을 덥쳐 새를 잡고 웃고

작두에 숭숭 썰어
외양간 여물로
때론
활활 태워 거름으로 했던
촌마당의 추억.

독거노인

실개천 흐르는 노래 소리에
목축이며
잦은 가래 뱉어낸다

붉은 회한의 세상
빗장을 열어 보며

고요한 음악 소리와 함께
휠체어에 몸을 싣고서

세월 묵어 흰 눈발
흐린 눈 여린 들꽃처럼

가슴 포개 부비며
깊은 정 전류가 흐르는데

검은 머리 붉은 정열
고스란히 내어 주고.

불효자식

그 날이
유난히도 활짝 피었다

두 자식 잃은
가슴 부여안고

벌어질 것 같은 긴 한숨
하염없이 흐르고

지친 하루
꿈속 어머니 벌떡 일어나지만

먹밤은
나를 울리고

치맛자락 팔딱 팔딱
낙엽이 되어서야

뜨거움으로 토해내지만
허허로움만 멍하니.

어떤 상봉

검은 꽃 흰 리본 흐르는 눈물
훅신훅신 속가슴 미어지고
입술을 깨물어 댄다

오래 전 집 나간 엄마
모진 풍파 쌓인 한
가슴으로 삼키는 남매

아빠를 보낸 그 길목에 서서
한 줌의 항아리 부둥켜 안고

문득 문득
어린시절 단란했던 젖내음으로
행복했던 그리움

가시밭길에도
행여나
오늘일까 내일일까.

고속버스를 타고

보슬비 내려
끕끕하고 개운치 않는 날

버스 앞자리에 앉아
창밖으로 내다본 세상

회색빛 조개구름은
안개처럼 아롱다롱

이스리이 이이진 산들은
싱그러운 이끼처럼 물결을 이루고

녹음 사이 하얀 밤꽃들은
진한 향기 뿜어내며 함박웃음

어느새 푸르른 벼들은
치맛자락 펄럭이듯 자르르.

정읍 펜션

황솔 무늬로
병풍 편 산은
산소 뿜어내 온몸 헹구며
구불구불

서로 얼싸안고
흘러가는 개울물은
마음속 찌꺼기 다 씻어내며
깔깔깔깔

피어오르는 물안개는
온통 초록 싱그러움
옆구리에 끼고
몽골몽골

달맞이꽃 제비꽃은
간드러진 몸매 미소로
은구슬 달고
한들한들.

여행

여장을 풀고
드르릉
열어 본다

거대한 야자수
군대를 이루고

끝없는 바다와 하늘에
떠 있는 목화 구름
팔만 올려도 닿겠구나

손에 손 잡고 달려오는
천사 같은 파도
은빛으로 눈부셔

지쳐 있는 낙엽이
다시 파란 잎 되어
함박 웃는다.

뉴질랜드 여행

설친 잠 펴고
살며시 열어 본다

땅일까
하늘일까

끝없이 멀어
형용할 수 없는

시시때때로
오색 양털처럼 편

희끗희끗 눈꽃송이처럼
아직 녹지 않은.

세월

손자까지
다 키워 보낸 뒤
남은
굵은 주름

빈 자리
허전한
황혼

훨훨
날아가고 싶다

모진 갈등
불사른 삶
시로나
엮어 보며.

등나무

깡마른 허리로
부둥켜안고 치솟더니

얼개미 덫으로
하늘빛 가려
아담한 정자 만들어 놓고

지치고 힘든 맘
깊은 속으로 품고
연보라 웃음꽃 주렁주렁

굵은 지팡이
연인들의 사랑
고사리 손들
고슬고슬 쉬어가게 하네.

세월이 품은 그리움

1판 1쇄 | 인쇄 2011년 8월 30일
1판 1쇄 | 발행 2011년 9월 05일

지 은 이 | 김순정
펴 낸 이 | 서동영
펴 낸 곳 | 서영출판사

출판등록 | 2010년 11월 26일(제25100-2010-000011호)
주   소 | 인천광역시 계양구 효성동 200-1 현대 404-103
전   화 | 02-338-7270 팩스 : 02-338-7161
이 메 일 | sdy5608@hanmail.net

값 : 10,000원
ⓒ2011김순정 seo young printed in incheon korea
ISBN 978-89-97180-03-5 03810

이 도서의 저작권은 저자와의 계약에 의하여 서영출판사에 있으며 일부 혹은 전체 내용을 무단 복사 전제하는 것은 저작권법에 저촉됩니다.
※잘못된 책은 구입하신 서점에서 바꾸어 드립니다.

일원화 공급처_(주)북새통
주소 : 서울 마포구 서교동 464-59 서강빌딩 6층
전화 : 02-338-0117(대표), 팩스 : 02-338-7160
이메일 : info@booksetong.com